Cuatro pasos para superar las objeciones de ventas

Esta guía es solo el comienzo. El verdadero aprendizaje viene de la práctica diaria, de enfrentarte a las objeciones reales de tus clientes y de aplicar las técnicas aprendidas aquí. ¡Buena suerte en tu viaje de ventas, y que cada objeción sea una oportunidad para brillar!

Cuatro pasos para superar las objeciones de ventas

Información legal

Título del libro: Cuatro pasos para superar las objeciones de ventas

Derecho de Autor: Todos los derechos reservados. La reproducción de este libro en versión e-Book, o papel está prohibido terminantemente sin el consentimiento expreso por escrito del autor, incluyendo total o parcial en cualquier forma o manera

Autor: Dionisio Melo

Editorial: Publicación Independiente

ISBN: 9798329591118

Cuatro pasos para superar las objeciones de ventas

Índice

1. Introducción
2. Las objeciones de ventas más comunes
3. Un enfoque de 4 pasos para superar las objeciones de ventas
4. Comprenda 6 objeciones completamente
5. Responda adecuadamente
6. Confirme que ha satisfecho la objeción
7. Seis tipos de objeciones monetarias
8. Epilogo
9. Acerca de Dionisio Melo

Cuatro pasos para superar las objeciones de ventas

Introducción

En ventas, la palabra "no" puede ser una píldora difícil de tragar. Especialmente cuando se está tratando de cumplir con una cuota, cerrar un trato adicional antes del final del trimestre o alcanzar ese tan deseado bono, el rechazo puede sentirse como un obstáculo insuperable. Muchos vendedores interpretan las objeciones como señales alarmantes, y peor aún, algunos las ven como un llamado a la batalla, adoptando una actitud combativa que solo agrava la situación. Sin embargo, es crucial cambiar esta perspectiva y comprender que las objeciones pueden ser algo positivo.

Las objeciones no son necesariamente un rechazo absoluto, sino una oportunidad para entender mejor las preocupaciones y necesidades del cliente. Cuando un cliente plantea una objeción, está proporcionando información valiosa sobre lo que realmente le importa. Esta información puede usarse para ajustar tu enfoque, clarificar beneficios

Cuatro pasos para superar las objeciones de ventas

y establecer una conexión más fuerte con el cliente. En lugar de ver las objeciones como un obstáculo, considéralas como una oportunidad para demostrar tu capacidad de escuchar, empatizar y resolver problemas.

Adoptar una actitud abierta y receptiva frente a las objeciones puede transformar estos desafíos en oportunidades para construir confianza y credibilidad. De hecho, manejar las objeciones de manera efectiva puede fortalecer la relación con el cliente y aumentar tus posibilidades de éxito en las ventas. Cada objeción superada fortalece la relación con el cliente y te acerca más a cerrar la venta.

Este libro te guiará a través de un enfoque de cuatro pasos para superar las objeciones de ventas: Escuchar, Entender, Responder y Confirmar. Con este enfoque, podrás manejar cualquier objeción con confianza y habilidad, convirtiendo las "colinas empinadas" de las objeciones en caminos claros hacia el éxito. Cada paso está

Cuatro pasos para superar las objeciones de ventas

diseñado para ayudarte a escuchar atentamente, comprender completamente,

responder adecuadamente y confirmar que has satisfecho todas las inquietudes del cliente.

También exploraremos las objeciones monetarias, una de las más complicadas y comunes, y te proporcionaremos estrategias para superarlas sin comprometer tus márgenes. Aprenderás a manejar objeciones con empatía y paciencia, a descubrir el verdadero origen de las preocupaciones del cliente, y a comunicar de manera clara y convincente el valor de tu oferta.

Las objeciones son una parte natural del proceso de ventas. Incluso los vendedores más experimentados se enfrentan a ellas. La clave está en estar preparado y tener una estrategia clara para abordarlas. Al final del día, las objeciones no son obstáculos insuperables, sino pasos necesarios en el camino hacia una venta exitosa. Así que no temas a las objeciones; enfréntalas con

Cuatro pasos para superar las objeciones de ventas

confianza, empatía y preparación, y verás cómo se convierten en oportunidades para

fortalecer tu relación con el cliente y alcanzar tus objetivos de ventas.

Cuatro pasos para superar las objeciones de ventas

4 pasos para superar las objeciones de ventas

La palabra "no" puede ser una píldora difícil de tragar. En el ámbito de las ventas, especialmente cuando estás tratando de cumplir con una cuota, cerrar un trato adicional antes del final del trimestre u obtener ese tan deseado bono, la palabra "no" a menudo se interpreta como una señal alarmante. Este rechazo puede sentirse como un obstáculo insuperable y generar una gran frustración.

Peor aún, algunos vendedores ven la mayoría de las objeciones como un llamado a la batalla. Con esta actitud combativa, no es de extrañar que manejen mal las objeciones de ventas. La confrontación y la defensiva solo agravan la situación, alejando aún más al cliente potencial y disminuyendo las posibilidades de cerrar la venta. Sin embargo, es crucial cambiar esta perspectiva y comprender que las objeciones pueden ser algo positivo.

Cuatro pasos para superar las objeciones de ventas

Las objeciones no son necesariamente un rechazo absoluto, sino una oportunidad para entender mejor las preocupaciones y necesidades del cliente. Cuando un cliente plantea una objeción, está proporcionando información valiosa sobre lo que realmente le importa. Esta información puede usarse para ajustar tu enfoque, clarificar beneficios y establecer una conexión más fuerte con el cliente. En lugar de ver las objeciones como un obstáculo, considérelas como una oportunidad para demostrar tu capacidad de escuchar, empatizar y resolver problemas.

Manejar las objeciones de manera efectiva puede fortalecer la relación con el cliente y aumentar tus posibilidades de éxito en las ventas. Adoptar una actitud abierta y receptiva frente a las objeciones puede transformar estos desafíos en oportunidades para construir confianza y credibilidad.

Cuatro pasos para superar las objeciones de ventas

Las objeciones de venta más comunes

Las objeciones de venta más comunes a menudo indican que no has presentado el caso de la propuesta de valor al comprador de la manera más poderosa posible. En el mundo de las ventas, enfrentarse a objeciones es casi una certeza. Sin embargo, en lugar de verlas como barreras infranqueables, debemos reconocerlas como una señal de que hay aspectos de nuestra oferta que aún no han sido comprendidos o apreciados plenamente por el cliente.

Cuando un cliente plantea una objeción, ya sea sobre el precio, el valor, o la necesidad del producto, en realidad está brindando una oportunidad invaluable para profundizar en la conversación y aclarar cualquier malentendido. Estas objeciones son, en esencia, preguntas disfrazadas. Están diciendo: "Necesito más información para sentirme cómodo con esta decisión".

Cuatro pasos para superar las objeciones de ventas

Para superar estas objeciones de manera efectiva, es crucial tener una comprensión sólida de tu propuesta de valor y ser capaz de comunicarla de manera clara y convincente. Esto significa no solo enumerar las características y beneficios de tu producto o servicio, sino también conectar estos puntos directamente con las necesidades y deseos específicos del cliente. La clave está en personalizar tu enfoque y demostrar cómo tu oferta puede resolver sus problemas o mejorar su situación.

Manejar las objeciones con empatía y paciencia es fundamental. En lugar de apresurarte a refutar una objeción, tómate el tiempo para escuchar atentamente y comprender la verdadera preocupación del cliente. Responde con honestidad y proporciona ejemplos o testimonios que refuercen tu mensaje. A veces, compartir historias de éxito de otros clientes que han enfrentado y superado preocupaciones similares puede ser muy eficaz.

Cuatro pasos para superar las objeciones de ventas

Las objeciones no son el final del camino, sino un paso más en el proceso de ventas. Cada objeción superada fortalece la relación con el cliente y te acerca más a cerrar la venta. Adoptar una actitud positiva y proactiva frente a las objeciones puede transformar estos desafíos en oportunidades para demostrar tu profesionalismo, construir confianza y, finalmente, ganar la venta. Por lo general, las objeciones a las ventas se incluyen en una de las siguientes categorías:

- Necesidad: el comprador aún no percibe, o aún no admite, la necesidad de resolver un problema.
- Urgencia: el comprador aún no ve por qué el problema es urgente.
- Confianza: el comprador siente incertidumbre sobre usted, su solución, su empresa o sus resultados.
- Dinero: el comprador comunica que el dinero va a ser un problema.

¿Suena familiar? Si bien estas objeciones de ventas comunes pueden parecer colinas

Cuatro pasos para superar las objeciones de ventas

empinadas que superar, no te desesperes. De hecho, una objeción indica que el comprador está comprometido, lo cual es mucho mejor que enfrentarse a la apatía. Cuando un cliente presenta una objeción, está mostrando interés y una disposición a considerar tu oferta, aunque tenga algunas reservas. Esto es una señal positiva porque significa que estás en una conversación activa donde el cliente está involucrado en el proceso de toma de decisiones.

Las objeciones no deben ser vistas como un rechazo, sino como una oportunidad para profundizar en la relación con el cliente y entender mejor sus necesidades y preocupaciones. Cada objeción es una puerta abierta para explorar más a fondo qué es lo que realmente importa al cliente y cómo tu producto o servicio puede satisfacer esas necesidades. Al abordar las objeciones de manera efectiva, puedes transformar estas "colinas empinadas" en caminos claros hacia el éxito.

Cuatro pasos para superar las objeciones de ventas

Para manejar las objeciones con éxito, es crucial adoptar una actitud positiva y receptiva. En lugar de sentirte desanimado, debes ver cada objeción como una oportunidad para demostrar tu conocimiento y capacidad para resolver problemas. Escucha atentamente al cliente, reconoce sus preocupaciones y responde con información relevante que refuerce el valor de tu oferta. Al hacerlo, no solo estarás abordando sus objeciones, sino también construyendo una base de confianza y credibilidad.

Es importante recordar que las objeciones son una parte natural del proceso de ventas. Incluso los vendedores más experimentados se enfrentan a ellas. La clave está en estar preparado y tener una estrategia clara para abordarlas. Esto implica conocer bien tu producto, entender a fondo las necesidades del cliente y ser capaz de articular cómo tu solución puede beneficiarles de manera específica y concreta.

Cuatro pasos para superar las objeciones de ventas

Al final del día, las objeciones no son obstáculos insuperables, sino pasos necesarios en el camino hacia una venta exitosa. Cada vez que superas una objeción, te acercas un poco más a ganar la confianza del cliente y cerrar la venta. Así que no temas a las objeciones; enfréntalas con confianza, empatía y preparación, y verás cómo se convierten en oportunidades para fortalecer tu relación con el cliente y alcanzar tus objetivos de ventas. Pero aún le queda trabajo por hacer.

Cuatro pasos para superar las objeciones de ventas

Un enfoque de 4 pasos para superar las objeciones de ventas

Cuando un comprador indica que no está listo para comprar, no se desanime. Utilice los siguientes cuatro pasos para superar las objeciones y acercarse a la venta.

Adopte un enfoque de 4 pasos para superar las objeciones de ventas

1. Escuchar
2. Entender
3. Responder
4. Confirmar

1. Escuche atentamente la objeción

Cuando te enfrentas a una objeción en una venta, lo primero y más importante es escuchar atentamente. La primera reacción natural puede ser intervenir y responder de inmediato, pero es crucial resistir esta tentación. Responder demasiado rápido puede llevarte a hacer suposiciones incorrectas sobre la verdadera naturaleza de

Cuatro pasos para superar las objeciones de ventas

la objeción y, en consecuencia, ofrecer una solución que no aborda la preocupación real del cliente.

Escuchar atentamente implica más que simplemente oír las palabras del cliente. Requiere prestar atención a su tono de voz, lenguaje corporal y cualquier emoción subyacente que pueda estar presente. Este enfoque te permite captar la esencia de la objeción y entender completamente lo que el cliente está expresando. Además, demuestra al cliente que valoras su opinión y estás dispuesto a tomarte el tiempo necesario para comprender sus inquietudes.

Cuando te tomas el tiempo para escuchar, también estás creando un espacio donde el cliente se siente cómodo compartiendo más detalles. Esto puede revelar información crucial que te ayudará a abordar la objeción de manera más efectiva. Por ejemplo, una objeción inicial sobre el precio podría en realidad ser una preocupación sobre el valor percibido del producto en comparación con

Cuatro pasos para superar las objeciones de ventas

otros en el mercado. Al escuchar atentamente, puedes descubrir estas sutilezas y adaptar tu respuesta en consecuencia.

Es importante recordar que escuchar activamente también incluye el uso de preguntas de sondeo para aclarar y profundizar en la objeción. Frases como "Entiendo, ¿puedes decirme más sobre por qué esto es una preocupación para ti?" o "¿Qué aspectos específicos te hacen dudar?" pueden proporcionar una visión más clara de los pensamientos del cliente. Este enfoque no solo te ayuda a reunir información, sino que también muestra tu interés genuino en resolver el problema del cliente.

Una vez que hayas escuchado completamente la objeción y comprendido su contexto, podrás formular una respuesta bien pensada y relevante. Esta respuesta debería abordar directamente las preocupaciones del cliente, proporcionando

Cuatro pasos para superar las objeciones de ventas

soluciones específicas y demostrando cómo tu producto o servicio puede superar esos obstáculos. Este proceso de escucha y respuesta cuidadosa no solo mejora la probabilidad de superar la objeción, sino que también fortalece la relación con el cliente, creando una base de confianza y respeto mutuo.

La clave para manejar eficazmente las objeciones en ventas es comenzar siempre por escuchar atentamente. Esto te permite entender plenamente la preocupación del cliente, evitar suposiciones erróneas y ofrecer una respuesta que realmente resuelva el problema. Adoptar este enfoque no solo te ayudará a superar objeciones individuales, sino que también te convertirá en un vendedor más empático y eficaz, capaz de construir relaciones duraderas y exitosas con tus clientes.

- Tómese el tiempo para escuchar la objeción completamente
- No reaccione a la defensiva

Cuatro pasos para superar las objeciones de ventas

- Entrénese para ignorar cualquier emoción negativa que pueda estar sintiendo.
- Manténgase enfocado en lo que dice el comprador y en el problema comercial que está ayudando a resolver.
- Escuche con la intención de comprender completamente las preocupaciones del comprador sin prejuicios ni anticipaciones.
- Permita que su lenguaje corporal y confirmaciones verbales le comuniquen al comprador que está escuchando con atención

2. Comprenda la objeción completamente

Muchas objeciones ocultan problemas subyacentes que el comprador no puede o no está listo para expresar directamente. A menudo, el verdadero problema no es lo que el comprador te dice primero. Tu tarea es llegar al meollo de la objeción, comprenderla completamente y descubrir su verdadera fuente.

Cuatro pasos para superar las objeciones de ventas

Para hacer esto, primero solicita permiso al comprador para explorar y entender mejor el problema. Este paso es crucial porque demuestra respeto por el cliente y su disposición a colaborar en la búsqueda de una solución. Una vez que obtengas este permiso, reafirma la preocupación tal como la entiendes. Este proceso de reafirmación ayuda a clarificar el problema tanto para ti como para el cliente. A veces, al escuchar su propia objeción reformulada, el comprador puede ver el problema con mayor claridad, lo que te acerca a la verdadera fuente de la objeción.

Incluso después de que el comprador confirme que lo entiendes perfectamente, es importante seguir profundizando. Pregunta "¿Qué más?" y utiliza preguntas de "¿Por qué?" para aclarar aún más. A menudo, es la respuesta al último "¿Qué más?" la que contiene la mayor objeción que debes superar para avanzar en la venta.

Cuatro pasos para superar las objeciones de ventas

Por ejemplo, si un cliente expresa preocupación por el precio, puede ser útil preguntar: "Entiendo que el costo es una preocupación. ¿Hay algo más que te preocupa sobre esta compra?" Esta pregunta abierta invita al cliente a revelar otros problemas subyacentes. Tal vez el verdadero problema es la percepción de valor o una experiencia pasada negativa. Al seguir preguntando "¿Por qué?" puedes desentrañar estos problemas ocultos y abordarlos de manera efectiva.

Este proceso de indagación no solo te ayuda a identificar la verdadera objeción, sino que también construye una relación de confianza con el cliente. Demuestra que estás comprometido a entender sus necesidades y a encontrar una solución que realmente funcione para ellos. Además, al abordar todas las preocupaciones del cliente de manera meticulosa, reduces las probabilidades de que nuevas objeciones surjan más adelante en el proceso de venta.

Cuatro pasos para superar las objeciones de ventas

Las objeciones a menudo esconden problemas más profundos que el cliente no puede o no está listo para compartir abiertamente. Tu trabajo es explorar estas objeciones con cuidado, solicitar permiso para profundizar, reafirmar y clarificar continuamente hasta llegar a la raíz del problema. Este enfoque no solo te ayuda a superar las objeciones de manera efectiva, sino que también fortalece tu relación con el cliente, creando una base sólida para una venta exitosa.

3. Responda adecuadamente

Una vez que estés seguro de haber descubierto todas las objeciones del comprador, es crucial abordar primero la objeción más importante. Superar esta barrera clave puede hacer que otras preocupaciones del comprador pierdan relevancia.

Es fundamental resolver los problemas del cliente de manera efectiva y en tiempo real, si es posible. Cuanto más rápido y

Cuatro pasos para superar las objeciones de ventas

eficazmente puedas ofrecer soluciones, mayores serán las posibilidades de avanzar en la venta. Si necesitas más información para abordar una inquietud específica del cliente, asegúrate de investigar o buscar los datos necesarios antes de responder. Esto demuestra profesionalismo y dedicación hacia la satisfacción del cliente.

Cuando los compradores sienten que un vendedor está improvisando, se genera desconfianza. Además, las respuestas demasiado largas pueden parecer poco sinceras. Mantén tus respuestas claras, directas y al grano para transmitir confianza y mostrar que estás comprometido a resolver sus problemas de manera efectiva.

Abordar las objeciones de manera ordenada y priorizando las más importantes aumenta tus posibilidades de cerrar la venta con éxito. Resuelve los problemas del cliente de manera rápida y profesional, evitando respuestas improvisadas o poco claras que puedan afectar la confianza del comprador.

Cuatro pasos para superar las objeciones de ventas

Este enfoque no solo facilita la conclusión de la venta, sino que también fortalece tu reputación como vendedor confiable y competente.

4. Confirme que ha satisfecho la objeción

Una vez que hayas respondido a las objeciones del comprador, es crucial verificar si has satisfecho todas sus inquietudes. El hecho de que asintieron durante tu respuesta no significa que estén completamente de acuerdo con todo lo que dijiste. Pregunta directamente si el comprador está satisfecho con tu solución y, si es necesario, explica tu respuesta con más detalle. A veces es necesario un proceso más elaborado para superar las objeciones de ventas, en lugar de una respuesta rápida y simple.

Si el comprador no está listo para comprometerse, no intentes forzar una decisión. Asegúrate, sin embargo, de no aceptar un "sí" poco convincente. Muchos compradores pueden aceptar una solución

Cuatro pasos para superar las objeciones de ventas

en el momento para evitar confrontaciones, pero una vez que estés fuera de su vista, la objeción puede seguir presente.

Es importante asegurarte de que el comprador realmente entiende y acepta tu solución. Esto puede implicar una conversación más profunda para explorar sus preocupaciones y aclarar cualquier malentendido. La paciencia y la claridad son esenciales en este proceso para garantizar que el comprador se sienta completamente cómodo y convencido de tu propuesta.

Después de responder a las objeciones, confirma que el comprador está satisfecho y dispuesto a seguir adelante. Evita aceptar un "sí" sin convicción y asegúrate de que todas sus preocupaciones estén completamente abordadas. Este enfoque no solo facilita una venta exitosa, sino que también construye una relación de confianza y credibilidad con el cliente, aumentando la probabilidad de futuras ventas y recomendaciones positivas.

Cuatro pasos para superar las objeciones de ventas

Algunas cosas a tener en cuenta al lidiar con objeciones monetarias en las ventas

El enfoque de cuatro pasos descrito anteriormente se aplica a todo tipo de objeciones de ventas. Sin embargo, centrémonos en una de las objeciones más complicadas y comunes: el dinero.

Estrategias para responder a objeciones monetarias

Para superar las objeciones monetarias sin reducir sus márgenes, tenga en cuenta las siguientes pautas:

1. **Elija sus palabras sabiamente**: por mucho que le gustaría responder, "Obtienes lo que pagas" o "Esos son nuestros honorarios y valemos cada centavo", no lo hagas. No hay una respuesta fácil y sencilla a las objeciones monetarias.

2. **No se trata solo del dinero:** el precio es a menudo una objeción de "pista

Cuatro pasos para superar las objeciones de ventas

falsa". Trabaja para descubrir la verdadera objeción. (Consulte los 6 tipos de objeciones monetarias a continuación).

3. **Haga preguntas.** Descubra si el dinero es realmente el problema con una simple pregunta: "Si el dinero no fuera el problema, ¿Qué otro problema tendríamos?" Esto generalmente lo llevará a la objeción raíz a la venta.

4. **Vuelva al valor:** comunique una imagen clara del valor de la solución que estableció en el proceso de venta. Por lo general, el comprador adecuado puede "encontrar" el dinero si el valor es demasiado alto para dejarlo pasar, si la solución que ha propuesto responde especialmente bien a sus necesidades. La mayoría de las veces, cuando los compradores dicen: "Su precio es demasiado alto", lo que en realidad están diciendo es: "No veo el valor de su solución".

Cuatro pasos para superar las objeciones de ventas

5. **Pregunte:** "¿Qué parte no quieres?" Revise los componentes de la solución. Esto puede llevar a una reducción del alcance o que el comprador se dé cuenta de que el paquete completo es la mejor solución.

6. **No hable de la estructura de costos:** terminará bajando por una pendiente resbaladiza si comienza a justificar su precio por lo que son sus costos.

7. **No baje el precio en el vacío:** si está dispuesto a bajar el precio simplemente, le está diciendo a los compradores que esta es la forma en que opera. En su lugar, explore nuevas posibilidades, cambie el alcance o realice una operación que pueda cambiar el precio. Una reducción de precio arbitraria puede sembrar desconfianza y sentar el precedente para precios más bajos mientras trabaje con ese comprador. Siempre intercambie valor.

Cuatro pasos para superar las objeciones de ventas

8. **Asegúrese de hablar con la persona que toma las decisiones:** puede estar tratando con el comprador equivocado que no es lo suficientemente alto en la organización o que no es la persona que toma las decisiones económicas. El dinero es ciertamente una objeción para ellos porque no pueden apretar el gatillo incluso si quisieran.

Seis tipos de objeciones monetarias

Las objeciones monetarias vienen en muchos sabores diferentes y, a menudo, significan algo completamente diferente a lo que se expresa en la superficie. Estas objeciones pueden abarcar desde preocupaciones sobre el precio hasta dudas sobre el valor percibido o la asequibilidad a largo plazo. Para abordar eficazmente estas objeciones, es esencial trabajar para llegar al meollo del asunto.

En primer lugar, cuando un comprador plantea una objeción monetaria, como "es

Cuatro pasos para superar las objeciones de ventas

demasiado caro" o "no está dentro de mi presupuesto", es crucial no asumir

automáticamente que el problema es solo el precio. Pregunta de manera abierta y empática para descubrir el verdadero origen de la preocupación. Podría ser que el comprador no vea el valor en la oferta, tenga limitaciones presupuestarias temporales o simplemente necesite más información para justificar la inversión.

Para llegar al fondo de una objeción monetaria, utiliza preguntas exploratorias como "¿Podrías explicarme más sobre tus preocupaciones respecto al precio?" o "¿Qué aspectos de la oferta te parecen costosos?". Este tipo de preguntas no solo muestran tu interés genuino en comprender la perspectiva del comprador, sino que también te proporcionan información valiosa que puedes usar para ajustar tu enfoque.

Una vez que entiendas la verdadera naturaleza de la objeción, aborda

Cuatro pasos para superar las objeciones de ventas

específicamente esas preocupaciones. Si el problema es el valor percibido, destaca las características y beneficios únicos de tu producto o servicio. Comparte testimonios de otros clientes satisfechos y proporciona ejemplos concretos de cómo tu oferta puede resolver problemas específicos del comprador o mejorar su situación.

Si la objeción es sobre la asequibilidad, considera discutir opciones de financiamiento, descuentos, o paquetes que puedan hacer la oferta más atractiva y manejable. Asegúrate de comunicar claramente cómo estas opciones pueden proporcionar flexibilidad financiera sin sacrificar el valor.

Las objeciones monetarias requieren un enfoque cuidadoso y detallado para descubrir su verdadera raíz. A través de la escucha activa, las preguntas exploratorias y la comunicación efectiva del valor y las opciones disponibles, puedes transformar una objeción monetaria en una oportunidad

Cuatro pasos para superar las objeciones de ventas

para fortalecer la relación con el comprador y avanzar hacia una venta exitosa. Aquí hay 6 objeciones de dinero comunes, cómo suenan y qué significan:

1. **Probar al vendedor**

Lo que dice el comprador: *"Vaya, eso es mucho. ¿Podemos hacerlo por menos?"*

Qué significa: Esto proviene del comprador que siempre pide una reducción de precio porque le funcionó en el pasado. Su filosofía es preguntar.

2. **Ocultar su presupuesto al vendedor**

Lo que dice el comprador: *"Oh, no tengo el dinero. Tendremos que hacerlo por menos".*

Qué significa: el comprador tiene el dinero, pero no quiere que usted lo sepa. Es una estratagema para ver qué tan bajo llegará en sus precios.

3. **Desafío de valor**

Cuatro pasos para superar las objeciones de ventas

Lo que dice el comprador: *"Cuesta demasiado. El dinero va a ser un problema"*.

Qué significa: el comprador no ve el valor que ofrece su solución. Quizás no puedan justificar gastar más de lo que gastaban anteriormente.

4. **Rechazo del presupuesto**

Lo que dice el comprador: *"No está en el presupuesto"*.

Que significa:

(a) Es cierto, y les gustaría ver qué se puede resolver.

(b) Es cierto, y lo están usando como moneda de cambio.

(c) No es cierto, y solo lo están diciendo.

5. **Presión de la competencia**

Lo que dice el comprador: "Recibimos otras propuestas y su precio es el más alto".

Que significa:

Cuatro pasos para superar las objeciones de ventas

(a) Es cierto, y lo está usando como moneda de cambio.

(b) No es verdad, o al menos no toda la verdad. ☐

6. Hemos terminado

Lo que dicen los compradores: "Demasiado dinero. Llámame si puedes bajar".

Que significa:

(a) Es un engaño, el comprador asume que volverá con un precio más bajo.

(b) No es un engaño, espera que baje el precio para hacer negocios.

Es importante seguir las estrategias descritas anteriormente para lidiar con cada uno de estos tipos de objeciones monetarias.

Superar las objeciones a las ventas se trata de mantener la vista en el premio

Cuando se enfrente a objeciones de venta, no pierda de vista su objetivo final: supere la objeción de venta y avance hacia el compromiso del comprador.

Cuatro pasos para superar las objeciones de ventas

En una venta transaccional, se enseña a los vendedores a superar las objeciones a toda costa. Esto no funciona para ventas más complejas. Si simplemente analiza la objeción sin abordarla por completo, la razón subyacente de la objeción generalmente volverá a atormentarlo.

Recuerde, ¡debe trabajar con estas personas una vez que haya terminado de venderles!

También nos gusta recordarles a los vendedores que las objeciones tienen mérito: a menudo son una señal de que algo más está sucediendo.

Su propósito es comprender la objeción por completo, aislarla y responder a ella de manera apropiada, no necesariamente refutar, contrarrestar y argumentar. Es posible que deba construir un caso para superar una objeción en lugar de responder rápidamente sobre la marcha.

Utilice los cuatro pasos para escuchar, comprender, responder y confirmar, y

Cuatro pasos para superar las objeciones de ventas

fortalecerá sus relaciones con los compradores, superará los obstáculos en el proceso de compra y se acercará a la venta.

Cuatro pasos para superar las objeciones de ventas

Epílogo

Hemos llegado al final de este viaje a través de las objeciones de ventas, y espero que ahora tengas una comprensión más profunda y una perspectiva renovada sobre cómo abordarlas eficazmente. En el ámbito de las ventas, enfrentar objeciones es inevitable, pero con las herramientas y estrategias adecuadas, puedes convertir estos desafíos en oportunidades valiosas.

A lo largo de este libro, hemos explorado la importancia de escuchar activamente a tus clientes, comprender sus preocupaciones subyacentes, responder con soluciones pertinentes y confirmar que sus inquietudes han sido plenamente resueltas. Este enfoque de cuatro pasos no solo te permitirá manejar las objeciones con mayor confianza, sino que también fortalecerá tus relaciones con los clientes, construyendo una base sólida de confianza y credibilidad.

Las objeciones no son el enemigo; de hecho, son una parte crucial del proceso de

Cuatro pasos para superar las objeciones de ventas

ventas. Cada vez que un cliente plantea una objeción, te está brindando una oportunidad para profundizar en la conversación, demostrar tu capacidad para resolver problemas y destacar el valor único de tu oferta. Es fundamental adoptar una actitud positiva y receptiva frente a las objeciones, viendo cada una como una puerta abierta hacia el éxito.

Recuerda que las objeciones monetarias, a menudo las más desafiantes, pueden ser abordadas con empatía y estrategias bien pensadas. No se trata solo de bajar el precio, sino de comunicar el valor de tu solución de manera efectiva y explorar opciones que satisfagan las necesidades del cliente sin comprometer tus márgenes.

En última instancia, superar las objeciones en ventas se trata de mantener la vista en el premio. No te desanimes ante un "no" inicial; en su lugar, véalo como una señal de compromiso del cliente. Con paciencia, preparación y una actitud proactiva, puedes

Cuatro pasos para superar las objeciones de ventas

transformar cada objeción en una oportunidad para avanzar hacia el cierre de la venta.

Gracias por acompañarme en este recorrido. Espero que las estrategias y conocimientos compartidos en este libro te sean de gran ayuda en tu camino hacia el éxito en las ventas. Recuerda siempre que cada objeción es una oportunidad para aprender, crecer y fortalecer tu relación con el cliente.

Cuatro pasos para superar las objeciones de ventas

Acerca de Dionisio Melo

Dionisio Melo es reconocido en toda América Latina por su destacada carrera en ventas, donde ha desarrollado estrategias altamente efectivas para el exigente mercado de la región. Su influencia abarca múltiples dimensiones: no solo es un orador destacado y guía experto en entrenamientos y coaching para vendedores, sino también un autor prolífico en temas de ventas, gerencia, coaching y liderazgo.

Sus libros reflejan su compromiso con la excelencia en ventas y su habilidad para enfrentar desafíos específicos en diversos sectores. Además, Melo llega a una audiencia amplia a través de boletines y un influyente blog compartido en numerosos sitios web especializados en negocios y ventas. Como asesor empresarial, Melo juega un papel crucial en el éxito de las empresas en el competitivo mercado latinoamericano, ofreciendo soluciones

Cuatro pasos para superar las objeciones de ventas

adaptadas que impulsan el crecimiento y la competitividad.

Su presencia en conferencias y seminarios asegura que sus ideas y conocimientos sean accesibles para profesionales de ventas en toda la región, manteniéndolos al día con las últimas tendencias. Dionisio Melo se destaca no solo por sus estrategias personalizadas y efectivas, sino también por su enfoque integral en el desarrollo de equipos de ventas, desde la motivación hasta la resolución de problemas, consolidando su posición como una figura influyente y respetada en América Latina.

www.ingramcontent.com/pod-product-compliance
Lightning Source LLC
Chambersburg PA
CBHW072005210526
45479CB00003B/1076